Ingrid Moras

Pfui Spinne

Perlentiere schaurig schön

CHRISTOPHORUS
BRUNNEN-REIHE

Inhalt

3 Kleine und große Perlentiere

4 Material & Technik

8 Zwei Schlangen

10 Lieb, aber stachelig

12 Katzenbären

14 Eisvögel

16 Zauneidechsen

18 Bibermama und Kind

20 Käfer und Spinnen

22 Aus Urzeiten

24 Ärgere mich nicht!

26 Unheimlich nachtaktiv

28 Chamäleons

30 Krokodilmolche

Kleine und große Perlentiere

Kleine Rocailles oder Indianerperlen in schillernden Farben können mit Hilfe einer einfachen Technik zu putzigen plastischen Miniatur-Tierfiguren verarbeitet werden, die überall Platz finden und bei großer Sammler-Leidenschaft sogar zu einem umfangreichen Zoo anwachsen.

Wer dagegen lieber eine lebensgroße Zauneidechse über seine Hand gleiten lassen will oder von den anderen handflächengroßen Tieren fasziniert ist, kann nach der gleichen Vorlage und in derselben einfachen Technik auch einen Zoo aus Maxi-Tieren entstehen lassen. Der große Krokodilmolch oder die lange Eidechse zappeln dann fast lebensecht zwischen den Fingern, den großen Eisvogel kann man an eine Zugfeder hängen und fliegen lassen.

Fans von „gruseligen" Tieren werden sich über große Spinnen, Fledermäuse, Stinktiere und Echsen freuen. Und der große und kleine Katzenbär, die beiden Stachelschweine und Chamäleons haben sicher sofort ihre Liebhaber gefunden.

Viel Freude mit großen und kleinen Tieren wünscht

Ingrid Moras

Material & Technik

Perlen für die Mini-Tiere

Die kleinen *Rocailles* oder *Indianerperlen mit dem Durchmesser von meist 2,5 mm* gibt es in großer Vielfalt im Fachhandel zu kaufen. Man kann zwischen opaken, irisierenden oder metallicfarbenen Perlen, transparenten und glasigen Perlen mit Farb- oder Silbereinzug u.a. wählen.

Perlen für die Maxi-Tiere

Für die nach der gleichen Vorlage gearbeiteten größeren Tiere können *größere Rocailles* (opak oder irisierend) *mit einem Durchmesser von 5 mm* oder *auch Holzperlen mit einem Durchmesser von 4 bis 5 mm* verwendet werden.

Der Messingdraht

Die *kleinen Perlen* (2,5 mm Durchmesser) werden auf einen *Messingdraht mit einem Durchmesser von 0,3 mm aufgezogen*. Für Tiere mit *größeren Perlen* (4 bis 5 mm Durchmesser) muss ein *Messingdraht mit einem Durchmesser von 0,4 mm* verwendet werden.

Die angegebenen Drahtlängen für die Körper sind großzügig bemessen. Überstände zum Schluss abschneiden und für Details beim nächsten Tier verwenden. Für Details müssen oft separate Drähte durch Reihen des Körpers eingezogen werden (Länge je nach Größe der Details zwischen 40 und 80 cm).

Wichtig: Der Draht darf beim Verarbeiten niemals Schlingen bilden! Sie werden beim Festziehen zu Knicken und führen schon bald zu Bruchstellen. Schlingen deshalb immer *vor* dem Anziehen des Drahtes bogenförmig aufdrehen.

HINWEIS

Eine Schere zum Abschneiden des Drahtes und eine Pinzette zum Verdrehen der Drahtenden werden für jedes Beispiel benötigt. Sie sind deshalb nicht eigens aufgeführt.

Die plastischen Körper

Die Körper der Tiere werden dadurch plastisch, dass Reihen im ständigen Wechsel einmal nach oben und einmal nach unten gelegt werden. Wenn sich in der Vorlage zwei Reihen zwischen zwei Strichen befinden, bedeutet das immer, dass *die erste Reihe oben liegen muss und die zweite Reihe unten.*
Die Perlen der ersten Reihe *immer in die Mitte des Drahtes schieben.* Die Perlen der zweiten Reihe mit *einem* Drahtende aufnehmen, das *andere* Drahtende *entgegengesetzt* durch die Perlen der zweiten Reihe schieben und beide Drahtenden gut anziehen. *Jede weitere Reihe* des Körpers wird in der gleichen Weise gefertigt wie die zweite Reihe, immer im Wechsel von oben und unten. Deshalb wird bei den Vorlagen nur die Drahtführung am Anfang gezeigt, alle Besonderheiten sind jedoch mit genauer Drahtführung angegeben und beschrieben.

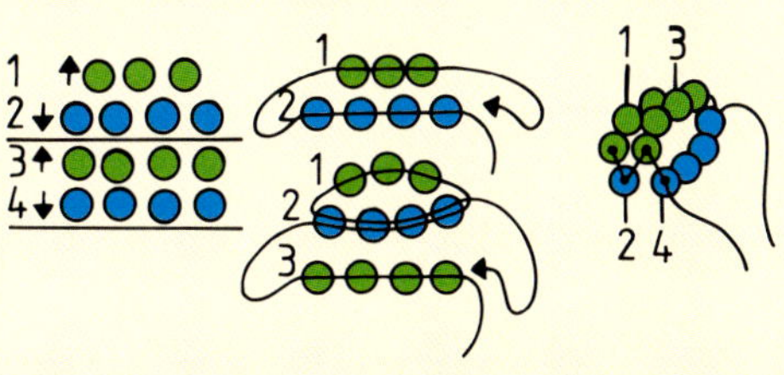

Die Drahtenden immer gut anziehen, damit die Zickzacklinie an der Nahtstelle von oberen und unteren Reihen möglichst klein bleibt. Mit Hilfe einer Stricknadel die oberen Reihen rund nach oben und die unteren rund nach unten wölben, dann nochmals die Drahtenden anziehen. Dadurch wird die Stabilität der Tiere größer.

Das „Vernähen" der Drähte

Am Schluss entweder ein Drahtende durch eine naheliegende Reihe zum anderen Draht ziehen, mit diesem überkreuzen und mit einer Pinzette mehrmals verdrehen, Überstände bis auf 2 bis 3 mm abschneiden und das verdrehte Stück durch Wegbiegen „verstecken". Oder beide Drahtenden getrennt mehrmals um den Führungsdraht wickeln, dann abschneiden.

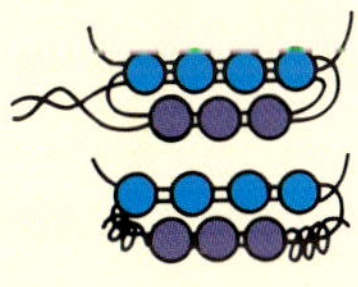

HINWEIS

Alle zusätzlichen Drähte für Details am besten durch die Perlen der Reihe ziehen, solange diese noch nicht festgezogen ist. In der Vorlage sind diese Reihen nochmals separat aufgezeichnet.

Besondere Details

Details sind immer mit der kompletten Drahtführung auf der Vorlage zu finden, die Einzelbeschreibungen geben zusätzliche Hinweise. Details wie Füße, Ohren oder Fühler können manchmal mit den Drähten des Körpers gearbeitet werden. Meist werden dafür aber zwei separate Drahtstücke *immer bis zu ihrer Mitte* durch Perlen einer Körper-Reihe eingezogen.
Details können plastisch wie der Körper gearbeitet sein, dann befinden sich auf der Vorlage immer zwei Reihen zwischen Strichen. Wenn die Reihen flach aneinander gelegt werden, ist nur eine Reihe zwischen den Strichen gezeichnet.

Eine breite Schnauze
Bei einem spitz zulaufenden Kopf mit im Wechsel nach oben und unten gelegten Reihen beginnen. Bei breiteren Schnauzen (z. B. Krokodilmolch) muss die entstehende Lücke zwischen der ersten, rund nach oben gebogenen und der zweiten, unteren Reihe ausgefüllt werden: Dazu je nach Tier eine oder zwei Perlen auf ein Drahtende aufziehen und das Drahtende nochmals durch die Perlen der unteren Reihe ziehen. Diese „Füllreihe" kann auch mit einer Zunge (z. B. Schlange) gearbeitet sein.

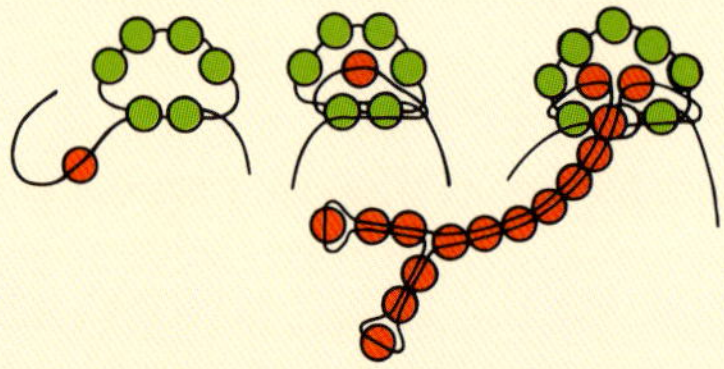

Dünne Beine, Fühler, Stacheln
Käferbeine, Fühler, lose Flügelfedern oder Stacheln werden in der gleichen Weise entweder nach einer Reihe oder auch mitten in einer Reihe gefertigt: Jeweils die Perlen des Details auf einen Draht aufziehen und den Draht durch alle Perlen mit Ausnahme der letzten zurückziehen.
Dabei die Perlen möglichst eng an vorausgehende Perlen einer Reihe drücken und so zwischen zwei Fingern festhalten.

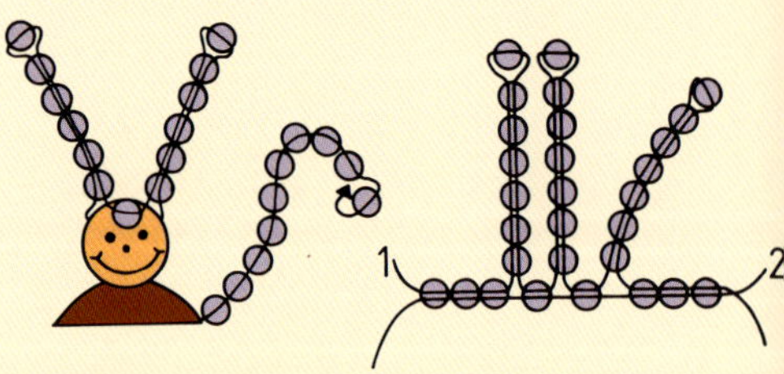

Ohren

Die Ohren werden manchmal zusammen mit einer oberen Reihe zunächst nur mit einem Drahtende des Körpers gearbeitet. Beispiel Stinktier: Auf ein Drahtende zwei Perlen der Reihe und sieben Perlen des Ohres aufziehen und den Draht nochmals durch die erste Perle des Ohres ziehen. Eine Perle für das Innere des Ohres aufnehmen und den Draht nochmals durch die siebte Perle des Ohres ziehen. Sechs Perlen der Reihe und die Perlen des zweiten Ohres, das wie das erste gefertigt wird, aufschieben. Nach dem Ohr zwei Perlen der Reihe aufschieben. Erst jetzt das andere Drahtstück entgegengesetzt durch alle Perlen der Reihe ziehen. Bei anderen Ohren (z. B. Katzenbär) werden mit zwei separat eingezogenen Drähten Reihen flach aneinander gelegt.

Plastische Beine

Diese werden ebenso gefertigt wie die plastischen Körper. Jeweils die erste Reihe zwischen zwei Strichen nach außen, die zweite Reihe nach innen zum Bauch hin legen.

Füße mit Zehen

Zehen werden mit nur einem Drahtende gefertigt. Beispiel Zauneidechse: Drei Perlen aufnehmen und den Draht durch alle Perlen mit Ausnahme der letzten zurückziehen, dabei die Perlen nahe am Bein festhalten. Die zweite bis fünfte Zehe in gleicher Weise fertigen und beim Zurückziehen des Drahtes die Perlen jeweils nahe an der vorausgehenden Zehe festhalten.

Zwei Schlangen

Material

Kleine Schlange

- Rocailles (2,5 mm Ø) in Gelb, Hellgrün, Maigrün, Schwarz
- Messingdraht (0,3 mm Ø)

Riesenschlange

- Rocailles (5 mm Ø) in Gelb, Grün, Rot, Schwarz
- Messingdraht (0,4 mm Ø)

Vorlagen 1 – 2

Kleine Schlange

Die erste Reihe mit fünf Perlen in die Mitte des etwa 3,60 m langen Drahtes schieben. Die untere Reihe mit drei Perlen mit einem Draht aufnehmen und den anderen Draht entgegengesetzt hindurchschieben. Auf einen Draht die mittleren zwei Perlen aufschieben, den Draht nochmals durch die untere Reihe ziehen. Die weiteren Reihen immer im Wechsel nach oben und unten legen und rund wölben.

Riesenschlange

Hier werden 6 m Drahtlänge benötigt (zweimal 3 m, vgl. unten „Drahtwechsel"). Die erste obere Reihe mit fünf Perlen in die Mitte des Drahtes schieben, die untere Reihe mit drei Perlen legen. Die Reihe mit der Zunge liegt zwischen beiden Reihen: Eine grüne und zehn schwarze Perlen auf einen Draht aufziehen und den Draht durch die vorletzte und drittletzte Perle zurückschieben. Drei schwarze Perlen aufnehmen, den Draht durch die beiden ersten Perlen und durch die siebte bis erste, schwarze Perle der Zunge zurückziehen. Eine grüne Perle aufnehmen und den Draht nochmals durch die untere Reihe mit drei Perlen schieben. Alle weiteren Reihen im Wechsel nach oben und unten legen und rund wölben.

Der Drahtwechsel

Bevor der Draht zu Ende geht, den neuen Draht bis zur Mitte durch die letzte Reihe ziehen. Eine weitere Reihe mit dem alten Draht legen, dann den neuen Draht entgegengesetzt durch diese Reihe schieben und alle Drahtenden gut anziehen. Auf beiden Seiten den alten und neuen Draht ca. 1 cm weit miteinander verdrehen. Den Überstand des alten Drahtes abschneiden, mit dem neuen Draht weiterarbeiten.

Lieb, aber stachelig

Material

Kleines Stachelschwein

- Rocailles (2,5 mm Ø) in Braun, Gold, Kupfer, Schwarz, Weiß
- Messingdraht (0,3 mm Ø)

Großes Stachelschwein

- Rocailles (5 mm Ø) in Braun, Gold, Brombeer, Schwarz, Elfenbein
- Messingdraht (0,4 mm Ø)

Vorlage 3

1 Beide Tiere nach derselben Vorlage von vorne nach hinten arbeiten. Die Drahtlänge beträgt beim kleinen Stachelschwein etwa 2,40 m, beim großen 4,80 m (zweimal 2,40 m, vgl. „Drahtwechsel" auf Seite 8). Für die Beine vier Drähte einziehen.

2 Der Anfang: Fünf Perlen in die Mitte schieben, die untere Reihe mit drei Perlen aufziehen. Auf ein Drahtende zwei Perlen schieben, den Draht nochmals durch die untere Reihe ziehen. Zwei obere und untere Reihen arbeiten.

3 Die erste obere Reihe mit Stacheln: Zunächst mit nur *einem* Drahtende arbeiten. Drei Perlen der Reihe und sieben Perlen des Stachels aufschieben, den Draht durch die ersten sechs Perlen des Stachels zurückziehen. Eine Perle der Reihe und sieben Perlen des Stachels aufziehen und den Draht durch die ersten sechs Perlen des Stachels zurückschieben, einmal wiederholen. Drei Perlen der Reihe aufziehen und den *anderen* Draht entgegengesetzt durch alle Perlen der *Reihe* schieben. Nach der oberen Reihe mit den Ohren jede weitere obere Reihe mit unterschiedlich langen und verteilten Stacheln in gleicher Weise arbeiten.
Wichtig: Die Perlen der Reihe und der Stacheln so eng wie möglich aneinander arbeiten. Die unteren Reihen wie gewohnt legen, die letzte untere Reihe mit Stacheln fertigen.

4 Mit je zwei Drahtenden die Reihen jedes Beines abwechselnd nach außen und innen legen, dann den hinteren Draht durch die vorletzte Reihe des Beines nach vorne ziehen und drei Reihen flach aneinander legen.

Katzenbären

Material

Kleiner Katzenbär

- Rocailles (2,5 mm Ø) in Schwarz, Weiß, Orange, Braun
- Messingdraht (0,3 mm Ø)
- Nylonfaden

Großer Katzenbär

- Rocailles (5 mm Ø) in den Farben wie oben
- Messingdraht (0,4 mm Ø)
- Nylonfaden

Vorlage 4

1 Beide Katzenbären in der gleichen Weise von vorne nach hinten arbeiten. Zwei kurze Drahtstücke für die Ohren bis zur Mitte durch Perlen von zwei oberen Reihen einziehen, vier Drähte für die Beine durch Perlen von vier unteren Reihen (s. Vorlage).

2 Der Anfang: Die drei Perlen der ersten Reihe in die Mitte des Drahtes schieben (Länge des Drahtes beim kleinen Tier etwa 1,80 m, beim großen etwa 3,60 m). Die zwei Perlen der zweiten, unteren Reihe mit einem Drahtende aufnehmen und das andere Drahtende entgegengesetzt durch die Perlen schieben. Jede weitere Reihe des Körpers aufziehen wie die zweite Reihe.

3 Mit je zwei Drahtenden der eingezogenen Drähte die Ohren arbeiten: Die drei Reihen der Ohren flach aneinander legen und die Drahtenden dann nach der dritten Reihe mit nur einer Perle „vernähen".

4 Die vorderen und hinteren Beine nach getrennten Vorlagen mit je zwei Drahtenden der eingezogenen Drähte anfertigen: Die sechs Reihen des Beines im Wechsel nach außen und nach innen zum Bauch hin legen. Den hinteren Draht nach der letzten, äußeren Reihe des Beines durch die vorletzte Reihe des Beines nach vorne ziehen und mit beiden Drahtenden die drei Reihen des Fußes flach aneinander arbeiten. Die Drahtenden gut „vernähen".

5 Nach Wunsch Schnurrhaare aus Nylonfäden durch die Perlen der Schnauze ziehen.

Eisvögel

Material

Kleiner Eisvogel

- Rocailles (2,5 mm Ø) in Wasserblau, Blau (opak), Blau (irisierend), Orange, Weiß, Rot, Schwarz
- Messingdraht (0,3 mm Ø)

Großer Eisvogel

- Rocailles (5 mm Ø) in den Farben wie oben
- Zugfeder (9 mm Ø, 18 cm lang)
- Messingdraht (0,4 mm Ø)

Vorlage 5

1 Beide Eisvögel in der gleichen Weise von vorne nach hinten arbeiten. Für den kleinen Vogel wird eine Drahtlänge von etwa 1,20 m benötigt, für den großen 2,40 m. Durch zwei obere Reihen Drähte für die Flügel einziehen, durch eine untere Reihe (s. Vorlage) zwei kurze Drähte für die Beine.

2 Der Anfang: Die erste Perle des Schnabels in die Mitte des Drahtes schieben, die Perlen jeder weiteren Reihe immer mit einem Drahtende aufnehmen und das andere entgegengesetzt hindurchschieben. Die ersten vier Reihen des Schnabels flach aneinander legen, alle anderen im Wechsel nach oben und unten schieben.

3 Mit je zwei Enden der eingezogenen Drähte auf beiden Seiten Flügel erstellen: Eine Reihe mit fünf Perlen aufziehen. Dann mit dem hinteren Draht eine lose Flügelfeder anfertigen: Fünf Perlen aufziehen und den Draht durch die ersten vier Perlen zurückziehen, dabei die Perlen nahe an der Reihe festhalten. Im Wechsel eine Reihe legen und eine lose Feder mit dem hinteren Draht arbeiten. Nach der letzten Reihe mit nur einer Perle mit dem hinteren Drahtende drei lose Federn aufziehen.

4 Mit je zwei Enden der eingezogenen Drähte die Füße arbeiten: Die drei Reihen des Beines mit jeweils nur einer Perle flach aneinander legen (Nr. 1), dann mit einem Drahtende drei nach vorne zeigende Zehen arbeiten (Nr. 2). Den Draht nach der dritten Zehe durch die dritte Perle des Beines ziehen und mit beiden Drahtenden die drei Reihen der nach hinten abstehenden Zehe flach aneinander legen (Nr. 3). Die Drahtenden „vernähen". Den großen Eisvogel nach Wunsch an eine Zugfeder hängen.

Zauneidechsen

Material

Kleine Eidechse

- Rocailles (2,5 mm Ø) in Schwarz, Bronze, Kupfer, Hellgrün, Grün
- Messingdraht (0,3 mm Ø)

Große Eidechse

- Rocailles (5 mm Ø) in Schwarz, Gold, Rotbraun, Grün, Tannengrün
- Messingdraht (0,4 mm Ø)

Vorlage 6

1 Für die kleine Eidechse wird einDrahtlänge von etwa 1,90 m benötigt, für die große etwa 3,60 m. Beide Eidechsen in der gleichen Weise von vorne nach hinten arbeiten, dabei die Reihen im Wechsel nach oben und unten legen und rund nach oben und unten biegen. Die Drahtenden nach jeder Reihe gut anziehen. Für die Füße durch vier untere Reihen separate Drähte jeweils bis zur Mitte einziehen.

2 Die fünf Reihen des Beines im Wechsel nach außen und nach innen zum Bauch hin legen. Den hinteren Draht durch die Perlen der vorletzten Reihe des Beines nach vorne ziehen. Vier Reihen mit je zwei Perlen im Wechsel nach oben und unten legen, dann mit einem Drahtende fünf Zehen arbeiten, wie die Vorlage für die Vorder- und Hinterfüße vorgibt: Jeweils die Perlen einer Zehe aufziehen und den Draht durch alle Perlen mit Ausnahme der letzten zurückschieben. Beim Zurück-ziehen des Drahtes die Perlen nahe an der vorausgehenden Reihe bzw. an der Zehe festhalten.

Bibermama und Kind

Material

Kleiner Biber

- Rocailles (2,5 mm Ø) in Gold, Schwarz, Braun, Weiß
- Messingdraht (0,3 mm Ø)

Großer Biber

- Rocailles (5 mm Ø) in den Farben wie oben
- Messingdraht (0,4 mm Ø)

Vorlage 7

1 Die beiden Biber nach der gleichen Vorlage von vorne nach hinten arbeiten. Die Drahtlänge beim kleinen Tier beträgt etwa 1,80 m, beim großen etwa 3 m. Für die Beine durch vier obere Reihen vier separate Drähte jeweils bis zur Mitte einziehen.

2 Für die Schnauze die erste Reihe mit fünf Perlen in die Mitte des Drahtes schieben, dann die untere Reihe mit drei Perlen mit beiden Drahtenden arbeiten. Auf ein Drahtende zwei goldfarbene und zwei weiße Perlen aufziehen, die weißen Perlen unter die goldfarbenen schieben, den Draht nochmals durch die zwei goldfarbenen Perlen und dann nochmals durch die Perlen der unteren Reihe ziehen. Die Reihen im Wechsel nach oben und unten legen.

3 Die obere Reihe mit Ohren: Zunächst die Reihe mit braunen Perlen legen, dann mit jedem Drahtende drei Perlen des Ohres aufnehmen und den Draht jeweils durch die beiden äußeren Perlen der Reihe nach außen ziehen.

4 Mit zwei Drahtenden sieben Reihen des Vorderbeines im Wechsel nach außen und innen zum Bauch hin legen. Dann mit einem Draht fünf Zehen arbeiten.

5 Die sieben Reihen der Hinterbeine im Wechsel nach außen und innen legen. Den hinteren Draht durch die Perlen der sechsten Reihe des Beines nach vorne ziehen und mit beiden Drahtenden drei Reihen flach aneinander legen.

Käfer und Spinnen

Material

Kleiner Käfer

- Rocailles (2,5 mm Ø) in Rot, Schwarz
- Messingdraht (0,3 mm Ø)

Großer Käfer

- Rocailles (5 mm Ø) in Schwarz, Blau
- Messingdraht (0,4 mm Ø)

Kleine Zebraspinne

- Rocailles (2,5 mm Ø) in Gold, Schwarz, Gelb
- Messingdraht (0,3 mm Ø)

Große Zebraspinne

- Rocailles (5 mm Ø) in den Farben wie oben
- Messingdraht (0,4 mm Ø)

Vorlagen 8-9

Käfer

1 Beide Käfer nach derselben Vorlage von vorne nach hinten arbeiten (Drahtlänge: kleines Tier ca. 1,20 m, großes Tier ca. 2 m). Mit dem Fühler beginnen: Sechs schwarze Perlen aufschieben und ein Drahtende durch die ersten fünf Perlen zurückziehen. Eine Perle der Reihe und sechs Perlen des zweiten Fühlers auf ein Drahtende aufziehen und den Draht durch die ersten fünf Perlen des Fühlers zurückschieben.

2 Die untere Reihe mit drei Perlen fertigen, alle weiteren im Wechsel nach oben und unten legen. Nach der zweiten, dritten und fünften unteren Reihe jeweils mit den Drahtenden ein Bein arbeiten.

HINWEIS

Vor dem Legen der nächsten oberen Reihe den Draht jeweils an der seitlichen Drahtschlinge der vorausgehenden Reihe einhängen. Dadurch schließt die obere Reihe enger an.

Zebraspinnen

1 Beide Tiere nach der gleichen Vorlage von vorne nach hinten arbeiten (Drahtlänge: kleine Spinne 1,50 m, große Spinne 2,40 m). Mit den Fühlern beginnen: Drei goldene Perlen in die Mitte des Drahtes schieben und ein Drahtende durch die ersten beiden Perlen zurückziehen. Eine Perle der oberen Reihe und drei Perlen des zweiten Fühlers aufnehmen, den Draht durch die ersten beiden Perlen zurückziehen.

2 Nach der zweiten bis fünften unteren Reihe jeweils auf beiden Seiten ein Bein arbeiten. Vor der nächsten oberen Reihe den Draht einmal um den seitlichen Draht der vorletzten Reihe wickeln.

Aus Urzeiten

Material

Kleiner Triceratops

- Rocailles 2,5 mm Ø) in Schwarz, Hellgrün, Grün, Gold, Weiß
- Messingdraht (0,3 mm Ø)

Großer Triceratops

- Rocailles (5 mm Ø) in den Farben wie oben
- Messingdraht (0,4 mm Ø)

Vorlage 10

1 Beide Tiere in gleicher Weise von vorne nach hinten arbeiten. Für den kleinen Dinosaurier ist eine Drahtlänge von etwa 2,10 m nötig, für den großen am besten zweimal 2 m verwenden. Der Übergang vom alten zum neuen Draht ist auf Seite 8 beschrieben. Für das kleine Horn vorne, den Kopfschild, die beiden längeren Hörner und die Beine separate Drähte einziehen.

2 Der Anfang: Die erste Perle der ersten Reihe in die Mitte des Drahtes schieben. Jede weitere Reihe wie gewohnt im Wechsel nach oben und unten legen. Durch die mittlere Perle der vierten oberen Reihe ein kurzes Drahtstück für das kleine Horn einziehen.

3 Durch die siebte untere Reihe einen Draht bis zur Mitte für den Kopfschild einziehen und fünf Reihen flach aneinander legen. Durch je zwei Perlen der zweiten Reihe des Kopfschildes separate Drahtstücke für die beiden längeren Hörner einziehen. Die Perle der ersten Reihe nach vorne, die Perle der zweiten nach hinten legen, alle weiteren Reihen flach aneinander fügen.

4 Durch Perlen von vier unteren Reihen (s. Vorlage) vier Drähte bis zur Mitte für die Beine einziehen. Mit je zwei Drahtenden die neun Reihen des Beines im Wechsel nach außen und nach innen zum Bauch hin legen. Nach der letzten Reihe des Beines den hinteren Draht durch die vorletzte Reihe nach vorne ziehen und den Fuß arbeiten: Eine Reihe mit drei Perlen legen, dann mit nur einem Drahtende fünf Zehen erstellen. Die Drahtenden zum Schluss miteinander verdrehen.

Ärgere mich nicht!

Material

Kleines Stinktier

- Rocailles (2,5 mm Ø) in Schwarz, Weiß, Altrubin
- Messingdraht (0,3 mm Ø)

Großes Stinktier

- Rocailles (5 mm Ø) in Schwarz, Weiß, Hautfarbe
- Messingdraht (0,4 mm Ø)

Vorlage II

1 Für das kleine Stinktier benötigt man eine Drahtlänge von etwa 1,80 m, für das große etwa 3,40 m. Beide Tiere nach derselben Vorlage fertigen. Durch vier untere Reihen des Körpers für die Beine separate Drahtstücke bis zur Mitte einziehen.

2 Nach der fünften oberen und unteren Reihe die obere Reihe mit Ohren arbeiten: Auf ein Drahtende zwei weiße Perlen der Reihe und sieben weiße Perlen des Ohres aufnehmen, den Draht nochmals durch die erste Perle des Ohres ziehen. Eine Perle für das Innere des Ohres aufnehmen und den Draht nochmals durch die siebte weiße Perle des Ohres ziehen. Sechs schwarze Perlen der Reihe und sieben weiße Perlen des zweiten Ohres aufnehmen, das ebenso gefertigt wird. Nach dem zweiten Ohr zwei weiße Perlen der Reihe aufschieben und das andere Drahtende entgegengesetzt durch alle Perlen der Reihe schieben. Die Drahtenden festziehen, dann wie gewohnt die untere Reihe und im Wechsel von oben und unten alle weiteren Reihen nach der Vorlage legen.

3 Die Reihen des Beines im Wechsel nach außen und nach innen zum Bauch hin legen (s. getrennte Vorlage für die vorderen und die hinteren Beine). Das hintere Drahtende durch die Perlen der vorletzten Reihe des Beines nach vorne ziehen, mit beiden Drahtenden zwei Reihen flach aneinander legen. Mit einem Drahtende fünf Zehen mit je zwei Perlen arbeiten.

Unheimlich nachtaktiv

Material

Kleine Fledermaus

- Rocailles (2,5 mm Ø) in Bronze, Gold, Kupfer, Weiß, Schwarz
- Messingdraht (0,3 mm Ø)

Große Fledermaus

- Holzperlen (4 mm Ø) in Braun, Natur, Hellbraun, Schwarz
- Messingdraht (0,4 mm Ø)

Vorlage 12

1 Für die kleine Fledermaus wird eine Drahtlänge von etwa 2 m für den Körper und etwa 0,80 m für die Flügel benötigt, für die große Fledermaus 3 m für den Körper und 1,20 m für die Flügel.

2 Die Körper nach der gleichen Vorlage von vorne nach hinten arbeiten. Die erste Reihe in die Mitte des Drahtes schieben. Alle Reihen im Wechsel nach oben (= Oberseite) und unten (= Bauchseite) legen. Für die Ohren zwei Drähte durch Perlen von zwei oberen Reihen einziehen (s. Vorlage) und durch eine Reihe einen Draht für den Flügel. Nach der letzten Reihe mit jedem Drahtende drei Zehen arbeiten. Mit dem Körperdraht und dem eingezogenen Flügeldraht auf beiden Seiten einen Flügel arbeiten.

3 Wegen der verschiedenen Breiten der Perlen gelten für die Flügel getrennte Vorlagen (vielleicht müssen Sie die Vorlage sogar abändern). Wichtig: Die erste Reihe des Flügels sollte am Körper anliegen. Nach der ersten und zweiten Reihe muss der untere Draht durch eine bzw. zwei Perlen nach oben gezogen werden. Nach der fünften Reihe mit dem oberen Draht eine abstehende Perlenreihe arbeiten: Drei Perlen aufziehen und den Draht durch die ersten beiden Perlen zurückziehen. Alle übrigen Reihen wie gewohnt auffädeln und flach aneinander legen.

4 Auch die Ohren nach getrennten Vorlagen arbeiten. Die Reihen flach aneinander legen, zum Schluss leicht wölben.

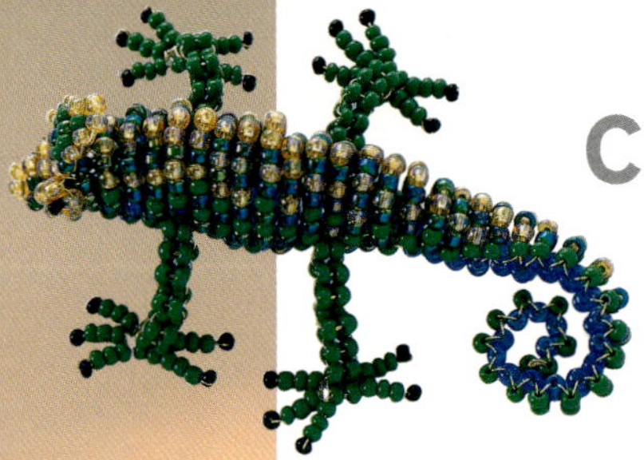

Chamäleons

Material

Kleines Chamäleon

- Rocailles (2,5 mm Ø) in Blau, Mittelgrün, Jade, Gold, Schwarz
- Messingdraht (0,3 mm Ø)

Großes Chamäleon

- Rocailles (5 mm Ø) in den Farben wie oben
- Messingdraht (0,4 mm Ø)

Vorlage 13

1 Beide Tiere von vorne nach hinten arbeiten. Die Drahtlänge beträgt beim kleinen Tier etwa 2,40 m, beim großen 4,20 m (2,40 m und 1,80 m, vgl. „Drahtwechsel" auf Seite 8). Einen separaten Draht für die Augen und den Kopfüberstand sowie vier Drähte für die Beine einziehen.

2 Die Reihen mit Kreuz so fertigen: Die fünf Perlen mit einem Draht aufnehmen und das andere Drahtende entgegengesetzt durch alle Perlen *mit Ausnahme der mittleren Perle* schieben.

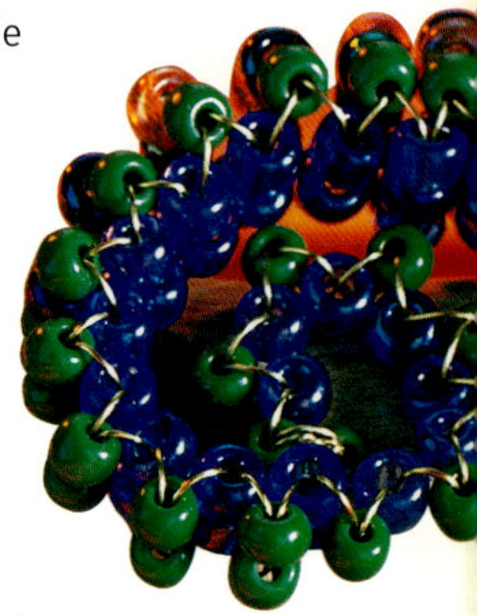

3 Für Augen und Kopfschild durch vier Perlen der vierten oberen Reihe einen Draht ziehen und mit jedem Drahtende ein Auge arbeiten: Fünf gold-farbene Perlen auffädeln und den Draht nochmals durch die erste Perle ziehen. Eine schwarze Perle aufnehmen und den Draht entgegengesetzt durch die dritte goldfarbene Perle ziehen. Die Drahtenden jeweils durch die äußere Perle der Reihe nach außen ziehen. Die nächste untere und obere Reihe legen, die Drahtenden der Augen durch die jeweils äußeren drei Perlen der oberen Reihe nach innen ziehen, einmal um den Draht der vorletzten, oberen Reihe wickeln, dann die vier Reihen des Kopfschildes flach aneinander legen.

4 Die achte bis 16. obere Reihe jeweils so arbeiten: Auf ein Drahtende alle Perlen (auch die erhöht gezeichnete Perle) aufziehen und das andere Drahtende entgegengesetzt durch alle Perlen mit Ausnahme der mittleren schieben.

5 Die 13 Reihen des Beines abwechselnd nach außen und innen legen. Mit dem hinteren Drahtende zwei, mit dem vorderen drei Zehen arbeiten.

Krokodilmolche

Material

Kleiner Molch

- Rocailles (2,5 mm Ø) in Hellorange, Orange, Schwarz
- Messingdraht (0,3 mm Ø)

Großer Molch

- Rocailles (5 mm Ø) in Orange, Schwarz
- Messingdraht (0,4 mm Ø)

Vorlage 14

1 Beide Molche nach derselben Vorlage von vorne nach hinten arbeiten. Beim großen Molch werden die hellorangefarbenen Perlen mit Orange gearbeitet. Die Drahtlänge für den kleinen Molch sollte etwa 1,80 m betragen, für den großen 3,60 m.

2 Der Anfang: Die erste Reihe mit vier Perlen in die Mitte des Drahtes schieben. Dann die zwei Perlen der unteren Reihe mit einem Drahtende aufnehmen und das andere Drahtende entgegengesetzt durch die Perlen schieben. Die Perle, die die Lücke zwischen den beiden Reihen füllen soll, mit einem Drahtende aufnehmen und den Draht nochmals durch die beiden Perlen der unteren Reihe ziehen.

3 Jede weitere Reihe wie gewohnt im ständigen Wechsel nach oben und unten legen und rund biegen. Durch vier untere Reihen (s. Vorlage) vier Drähte bis zur Mitte für die Beine einziehen.

4 Mit je zwei Drahtenden ein Bein erstellen: Die 11 Reihen des Beines im Wechsel nach außen und innen zum Bauch hin legen. Nach der letzten, außen liegenden Reihe mit dem hinteren Drahtende Zehen arbeiten (s. Vorlage).

Impressum

ISBN 3-419-56201-2

Neu bearbeitete Auflage 2000

Lektorat:
Dr. Ute Drechsler-Dietz, Hechingen

Styling und Fotos:
Roland Krieg, Waldkirch

Covergestaltung und Layoutentwurf:
Network!, München

Gesamtproduktion:
smp, Freiburg
Layout: Gisa Bonfig

Druck:
Freiburger Graphische Betriebe

Wir sind für Sie da, wenn Sie Fragen zu AutorInnen, Anleitungen oder Materialien haben. Und wir interessieren uns für Ihre eigenen Ideen und Anregungen. Faxen, schreiben Sie oder rufen Sie uns an. Wir hören gerne von Ihnen!
Ihr Christophorus-Verlag

Christophorus-Verlag GmbH
Hermann-Herder-Str. 4
79104 Freiburg
Tel.: 0761/ 27 17-0
Fax: 0761/ 27 17-3 52
oder e-mail:
info@christophorus-verlag.de